Publié en France par Dreaming Publishing
Première Impression aux États-Unis : Septembre 2019

Couverture et mise en page du livre par Marie CAMARA HD

Sommaire

Comment j'ai appris à me connaître

Coucou les filles, je vous emmène avec moi dans un voyage dans la féminité en lingerie. Je tiens à préciser que, bien que n'étant pas tout à fait une experte dans ce domaine, cela est devenue graduellement une passion au quotidien. Une passion que je souhaite partager avec vous.

La lingerie à toujours était quelque chose qui me fascine. Mais malheureusement, le manque d'information m'a poussé à faire des mauvais choix. Mes achats étaient uniquement basés sur le feeling du design du produit, de la marque ou le rapport qualité / prix.

Je ne connaissais pas ma taille donc je me retrouvais souvent avec des bonnets de la mauvaise taille. De ce fait, cela a joué énormément sur mon humeur à l'époque. Je me disais parfois : « Oh, j'ai maigri ! » ou « Ah, j'ai pris du poids ! ». Par conséquent, mon envie pour la lingerie avait commencé à diminuer, voir disparaître. J'ai commencé à porter de la lingerie par nécessité et non par envie.

Quelques années plus tard, je rencontre une collègue qui était responsable dans une boutique de lingerie. Elle m'a proposé de m'orienter sur mes choix en tenant compte de ma morphologie.

Comment décrire mon excitation d'alors ? Ce jour a était totalement révolutionnaire pour moi ! Je connaissais ENFIN ma taille de soutien-gorge ! Je fais du 85B. A partir de ce moment-là, je me suis littéralement réconciliée avec la lingerie. Je suis passée à un roulement de 3 soutiens-gorge par semaine à 1 soutien-gorge par jour.

Je suis passée d'une petite corbeille à plusieurs box de soutien-gorge.

J'ai fait ce « Guide Pratique : les bases de la lingerie » , pour pouvoir mieux orienter les jeunes femmes dans ma situation. Pour qu'elles puissent faire des bons choix et à ne plus faire des erreurs qui pourront peser sur leur budget et sur leur moral. Au fil de ce eBook, vous apprendrez comment j'ai pu affiner mes recherches et testé des modèles que je n'aurais jamais pensé mettre avant.

Connaître sa morphologie corporelle

On a tous du entendre au moins une fois dans sa vie à travers les émissions de mode ou par nos amis qu'on est en H, X ou en O, etc.

Quand j'étais un peu plus jeune j'étais en 8 mais avec le temps je me suis transformée en A (à croire que ce n'est pas normal). Le fait de savoir comment je suis physiquement m'aide à jouer

sur le visuel pour contre balancer mon haut menu avec un bas un peu plus développé.

Comme je suis en A je peux me permettre du haut en froufrous. Ou mettre des bas plus échancré devant comme derrière.

Pour savoir de quelle catégorie on est, je vous ai mis une image pour illustrer ce que je vous dis. Mais en parallèle, il faut revenir sur vos précédentes notes.

X - Le haut et le bas sont dans le même axe avec la taille marquée. Se des femmes qui portent du 34 au 38.

8 - Le haut et le bas sont dans le même axe avec la taille marquée, mais avec des formes arrondis. Se sont les femmes qui portent à partir du 40.

O - Le haut et le bas sont dans le même axe avec des formes plus généreuses. Se sont les femmes qui portent à partir du 46.

H - Le haut et le bas sont dans le même axe avec une absence de taille marqué. On dit également que c'est une forme « androgyne ».

V - Le haut est plus développé que le bas.

A - Le haut est plus menu que le bas.

Petite anecdote, lorsque j'ai acheté un ensemble à l'époque, j'avais pris le haut en S donc le bas était forcément en 36. Je ne vous raconte pas ma déception en rentrant à la maison car le bas ne me convenait pas du tout. Ça me serrait trop. Et pour le coup, ça m'avait découragé d'acheter des ensemble présélectionné.

Si vous avez la possibilité de le faire, je vous conseille également de le tester en cabine, pour mieux voir ce que je vous ai décrit dans ce chapitre.

Maintenant, on va mettre cela en pratique avec 4 grosses étapes. Tout au long de ces étapes, nous allons apprendre à mieux nous connaître physiquement et découvrir les différents modèles de lingerie.

Avant d'acheter n'importe qu'elle type de lingerie, mon amie avait prit ma taille avec un mètre ruban.

Elle prit ma taille juste en dessous de ma poitrine pour prendre mon tour de dos (A). Et elle a prit mon tour de poitrine, les pointes de ma poitrines jusqu'à dans mon dos (B), c'est pour savoir la profondeur du bonnet A,B,C, etc.

Comme je fais du 68 (A) et du 80 (B), cela me fait un 85B.

Les filles, il faut savoir que notre taille change selon la marque et le style. Donc, ne n'est pas nôtre taille définitive.

Maintenant, vous savez quelle est votre taille ainsi que votre bonnet.

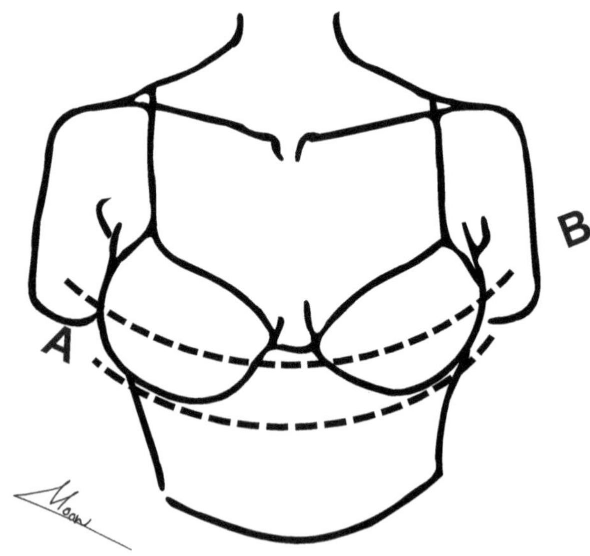

Tour sous la poitrine en cm (A)							
Tour sous la poitrine en cm (A)	63-67	68-72	73-77	78-82	83-87	88-92	93-97	98-102
Correspondance taille française	80	85	90	95	100	105	110	115

Bonnet	Profondeur du bonnet d'après la mesure du tour de poitrine en cm (B)							
AA	75-77	80-82	85-87	90-92	95-97	100-102	105-107	110-112
A	77-79	82-84	87-89	92-94	75-99	102-104	107-109	112-114
B	79-81	84-86	89-91	94-96	99-101	104-106	109-111	114-116
C	81-83	86-88	91-93	96-98	101-103	106-108	111-113	116-118
D	83-85	88-90	93-95	98-100	103-105	108-110	113-115	118-120
E	85-87	90-92	95-97	100-102	105-107	110-112	115-117	120-122
F	87-89	92-94	97-99	102-104	107-109	112-114	117-119	122-124
G	89-91	94-96	99-101	104-106	109-111	114-116	119-121	124-164

 Connaître la morphologie de sa poitrine

Pour ce test, il faudrait se regarder dans le miroir et visionner votre morphologie.

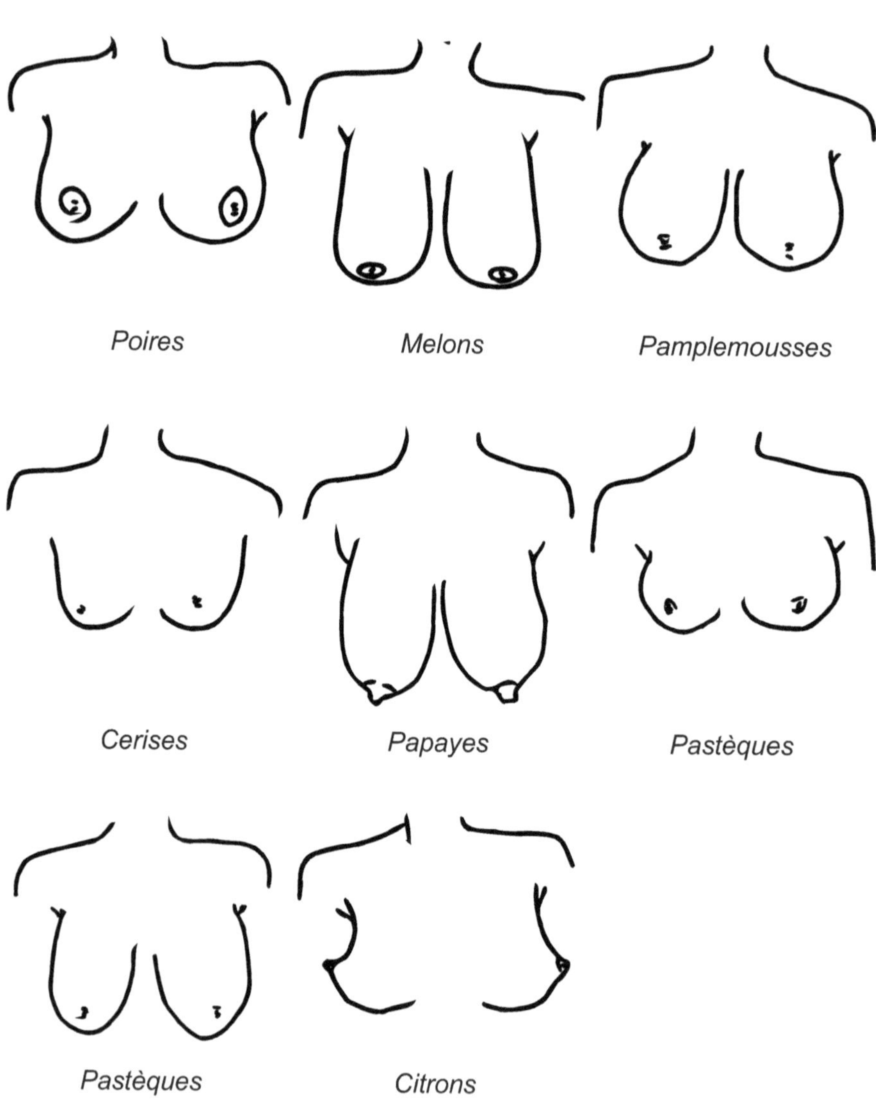

Poires   Melons   Pamplemousses

Cerises   Papayes   Pastèques

Pastèques   Citrons

Mon amie m'a dit que j'avais une poitrine en forme de poire. Je ne vous cache pas que je ne comprenais pas du tous les noms qu'on donnait aux différentes formes de poitrines car je pensais qu'on avait toutes le même type de poitrine.

Savoir mon type de poitrine a été la première étape pour des achats plus avisés.

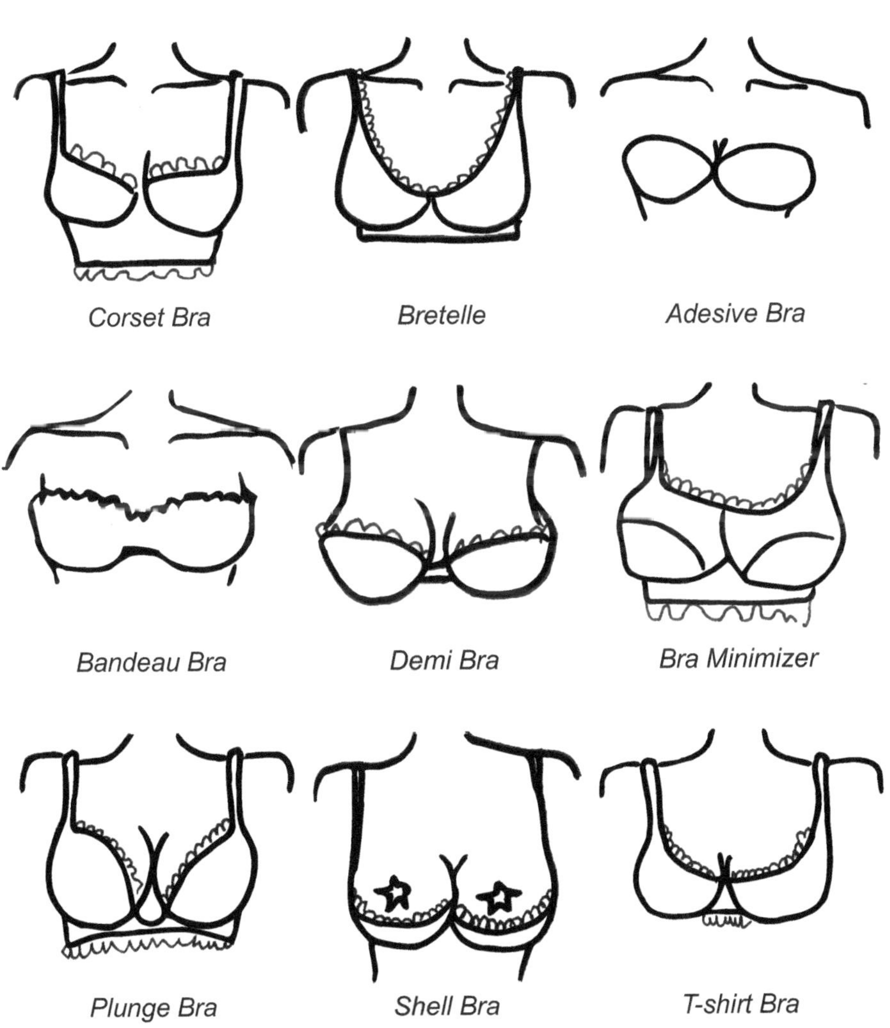

Je sais qu'avec ma poitrine en forme de poire, je ne suis pas du tout à l'aise avec des balconnets. Ce n'est pas le style que je préfère, c'est-à-dire trop forcer sur le côté : je remonte ma poitrine pour donner cette impression qu'il y a du « monde au balcon ».

Pour garder le côté arrondi, je préfère prendre un soutien-gorge avec un léger push-up.

Pour être tout à fait sûre de mon choix, nous avons testé dans la cabine plusieurs modèles selon mes goûts et ma morphologie. On a pu bien cerner mes choix.

Par exemple, je suis à l'aise avec « le Bretelle ». Et j'aime bien jongler au quotidien avec le soutien-gorge « Corset ».

Un bon exercice pour vous, les filles, c'est de vous prendre une heure ou deux, aller dans une boutique de lingerie et essayer les différents modèles. Je vous conseille plutôt d'aller dans les boutiques spécialisées car les vendeuses ont une formation dans ce domaine.

Si vous y mettez du cœur, vous serez surprise comme je l'ai été de savoir qu'on peut apprécier et même se réconcilier avec les différents types.

Une fois cela fait, la deuxième étape est validée.

Mise en pratique

Si vous ne sentez aucune gêne en le portant durant une journée entière, c'est que vous avez bien choisi votre soutien-gorge. Cela veut dire : pas de bretelle qui tire, ni armature* qui se déplace. On doit pouvoir l'oublier.

Bien entendu, c'est un exercice compliqué à mettre en pratique lors de l'essayage. Mais anticipez lors de l'essayage en vous demandant si vous oublierez ce dernier lors d'une de vos journées type. Comme vous le feriez pour les chaussures.

Le soutien-gorge possède en général trois agrafes*. Utiliser celle qui est à l'extrémité, c'est un bon moyen de vous rendre compte de ce qui arrivera lorsqu'il s'élargira. Vous pourrez alors le réajuster avec les deux agrafes restantes et ainsi l'utiliser plus longtemps.

Voici quelques règles fondamentales à respecter pour acheter des soutiens-gorge qui tiennent compte de votre morphologie :

• Placez la pointe de sein sur la couture. Mettre sa main sous son sein, le soulever pour bien le poser dans le bonnet. C'est là que se trouve l'équilibre du bonnet.
• Vérifiez la taille des bretelles.
• Veiller à ce que le séparateur (entre les deux bonnets) soit bien plaqué sur votre thorax. S'il se décolle, cela signifie que les bonnets ne sont pas assez profonds. Et au contraire s'il est trop serré c'est que le bonnet est trop profond.
• Vérifiez que l'armature est bien placée dans le sillon* du sein pour éviter qu'elle ne vous blesse.

Nous allons procéder de la même façon que pour le haut, et c'est là que le mètre ruban vient à nouveau à notre aide.

Je n'avais pas besoin de mesurer ma taille lors de mes achats, car lorsque je vais chez le tailleur il prend mes mensurations. Donc j'ai très vite pris le réflexe de les noter dans un carnet.

Vous allez prendre le tour de taille au niveau du nombril (C).
Et vous prenez la taille des hanches (D).

Je fais du 76 en taille et du 100 en hanche ce qui me fait un bon 40 ou M.
Pour le bas, je prends toujours une taille au dessus car j'aime

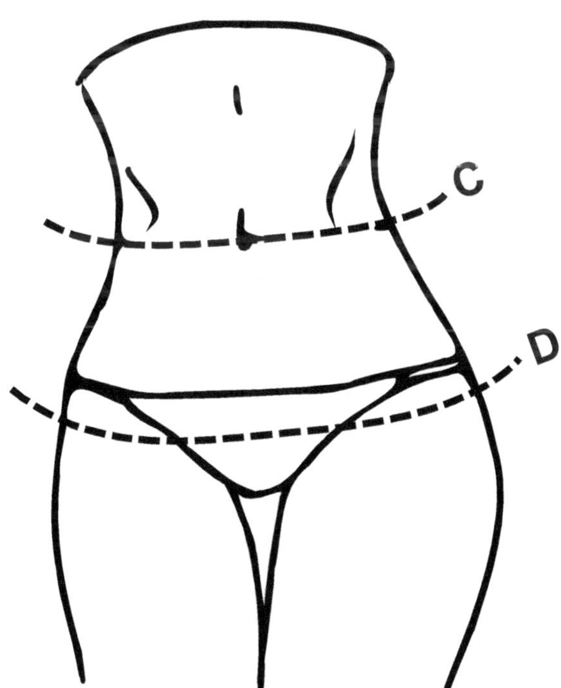

Taille française	34	36	38	40	42	44	46	48
Tour de hanche (D)	58-62	62-66	66-70	70-74	74-78	78-82	82-86	86-90
Tour de taille (C)	84-88	88-92	92-96	96-100	100-104	104-108	108-112	112-116

être à l'aise. Ça évite des frottements désagréables voir des blessures.

Je vous conseille de faire la même chose si vous hésitez entre deux tailles.

La troisième étape vient d'être validée.

J'ai eu plusieurs périodes dans ma vie où mes préférences et mes goûts en lingerie ont évolué.

Je suis passée par la mode des strings. J'ai également beaucoup jonglé entre les boxer et les culottes. Maintenant, mon péché mignon est la culotte brésilienne. Son modèle change d'une marque à une autre.

Ce qui me plaît dans ce modèle c'est son côté pratique et sexy en même temps. Il est à mi-chemin entre une culotte et un string. Je reviendrai sur le sujet des matières un peu plus loin dans l'ouvrage.

Ce bas joue énormément avec l'effet d'optique d'une paire de fesses bombées en ne coupant pas la fesse en deux.

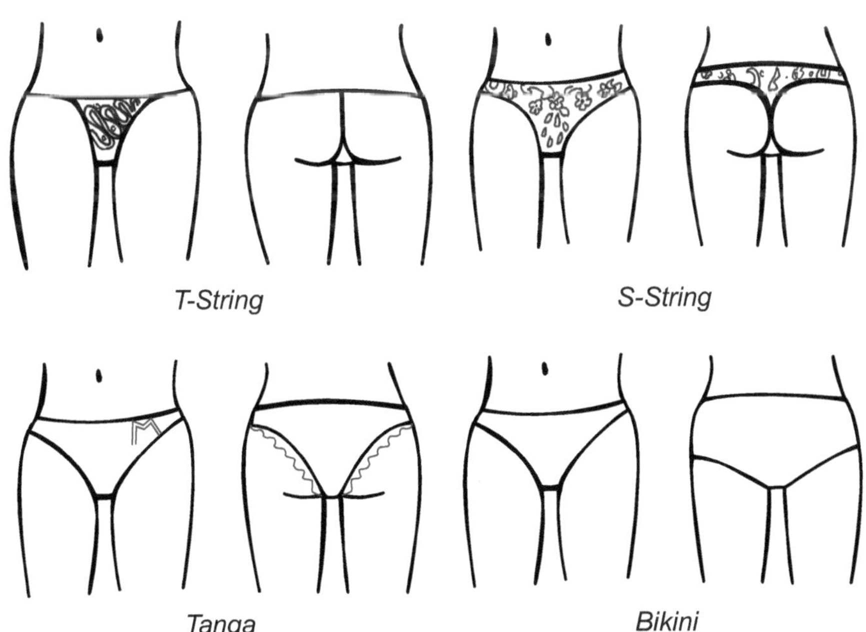

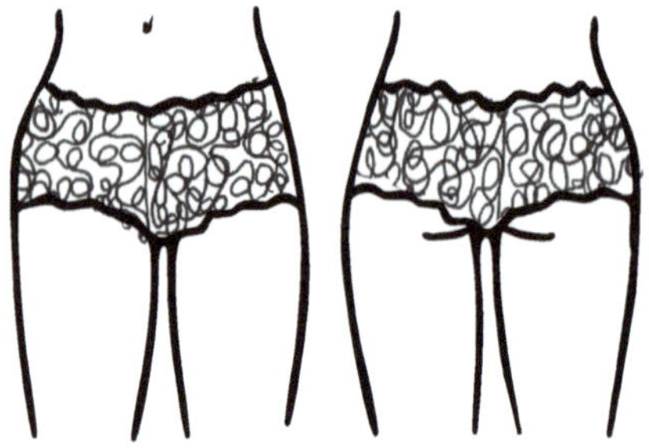

Body Short

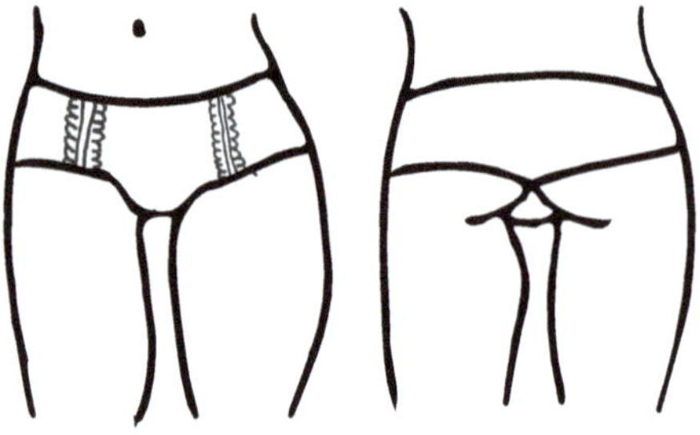

Cheeky

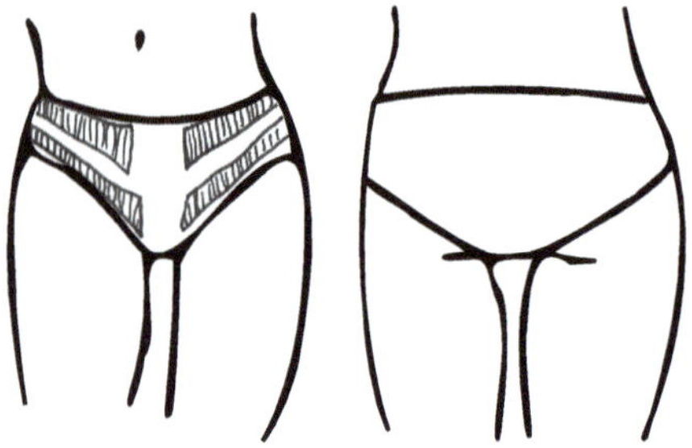

Hipster

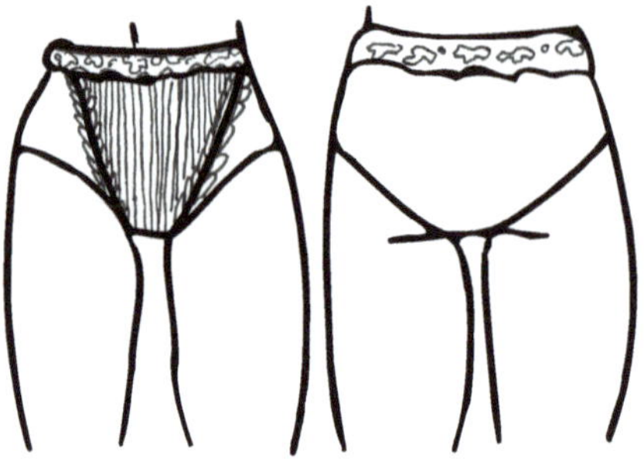

High Waist

Idées ensemble selon sa morphologie

Comme je vous ai dit plus haut, je suis en A, j'ai des préférences selon les saisons.

Quand il fait froid, je mets des soutiens-gorge avec des armatures et des coques.

Quand il fait chaud, je mets plutôt des brassières fines et légères. Ou des soutiens-gorge avec armature mais sans coque.

Je trouve qu'il faut savoir écouter sa poitrine. C'est très important pour moi.

En bas je le combine souvent avec des tangas. C'est ma valeur sûre.

Maintenant je vous montre quelques idées d'ensemble...

X - Morphologie qui peut tout porter :
   Haut : bandeau, body sans maintien
   Bas : tanga

8 - Morphologie qui a besoin de maintien :
   Haut : corbeille
   Bas : gainer les hanches avec une culotte sculptante

O - Morphologie qui a besoin de maintien :
   Haut : bretelles épaisses avec armatures
   Bas : culotte sculptante

H - Morphologie à féminiser :
    Haut : corbeille
    Bas : échancré, guêpière pour marquer la taille

V - Créer du volume sur le bas à l'horizontal :
    Haut : push-up
    Bas : shorty, frou-frou

A - Créer du volume sur le haut :
    Haut : frou-frou, push-up

Le body

Le body, aussi appelé « guêpière », est un deux en un.

De nos jours il est fait de matière légère et agréable à porter. Comme avec de l'élasthanne et du lycra qui peuvent sculpter le corps sans pour autant l'endommager.

Au temps du Moyen-Age il était très lourd et épais dû aux baleines* en fer pour donner une taille de guêpe.

On peut le porter sous nos vêtements ou être comme un top. Il y en a sous plusieurs styles. En strings ou en culotte. Avec une ouverture en bas ou sans. Avec des baleines ou sans.

Body sans armature *Body avec bretelles* *Body sans bretelles*

Je commence à m'intéresser de plus en plus à ce style car je trouve que ça apporte vraiment une touche de féminité et de sensualité.

Celui que je préfère est celui avec une coque souple, en string et avec fermeture en pression en bas. Sa simplicité respect ma silhouette ainsi que la forme de ma poitrine.

Pour vous en procurer un, vous pouvez vous baser sur le chapitre précèdent pour choisir au mieux votre modèle.

La nuisette

C'est une robe de nuit légère qui est également connue sous le nom de « baby-doll ».

Elle peut avoir des bretelles fines ou assez large. Je trouve que ça rafraîchit le côté pyjama en coton. Ça donne un côté sensuel et feminin.

Nuisette avec armature *Nuisette sans armature*

Elle existe avec des coques. Avec ou sans armature. En soie ou en nylon.

Je la préfère sans coque ni armature car ça me donne toujours la sensation de dormir avec un soutien-gorge. J'aime être à l'aise, mais encore une fois ça n'engage que moi.

Depuis quelques années, la nuisette fait partie d'un vêtement qu'on peut utiliser en top. Ça joue sur l'aspect déshabillé de la

Les matières

Comme vous avez pu le comprendre, il y a des matières fabriqué de différentes façons qui sont : naturelle, chimique et croisée.

Naturelles

Le coton : C'est une fibre végétale. C'est une valeur sûre pour son grand confort.

La soie : Elle est d'origine animale, plus précisément issue du cocon produit par la chenille du bombyx du mûrier. C'est une matière noble.

Chimiques

Nylon : D'origine synthétique. C'est une matière souple, extensible et résistant mais a également une grande capacité d'absorption de l'humidité.

Modal : Textile artificiel qui provient de cellulose de bois. Elle a également une capacité d'absorption de l'eau et la transpiration. Reste doux après le lavage.

Elasthanne : Fibres synthétique. Elle est souvent utilisée pour les produits gainants et sculptants car elle a cette capacité de ne pas comprimer le corps.

Polyamide : Tissu synthétique qui peut être également utilisé en microfibre. C'est une matière respirante et qui ne fait pas transpirer. On l'utilise au quotidien, pour maillot de bain et pour les brassières de sport.

Polystèr : C'est une matière qui est très présente dans le milieu de la mode. Elle est infroissable et irrétrécicable.

Lycra : Connu pour son confort, résistance au froissage et son élasticité. Très utilisé pour les vêtements près du corps et moulant et les maillots de bain.

Viscose : C'est une matière artificielle. Elle a été créer pour imiter la soie. Elle a aussi un côté brillant et délicat au toucher.

Croisés

Satin : C'est un type de tissage. Il est à l'endroit brillant et à l'envers mat. Il existe en satin de coton, de polyester, de soie ou de nylon. Il s'harmonise bien avec le mouvement du corps.

Dentelle : C'est une matière raffinée et haut de gamme. Fait généralement avec du fil de lin, de soie et de nylon. C'est un atout majeur de séduction et intemporel dans la lingerie de mariage.

Résille : Maille très aérée avec effet transparent très accentué. Donc c'est également un atout de séduction.

Pour ma part, pour une lingerie au quotient ou pour des occasions, je mets une mention spéciale pour le bas avec une finition en dentelle. Ça épouse bien mes fesses sans les couper en deux. Je dis bien la finition car le boxer, tanga ou autres peuvent, la plupart, avoir une bi-matière.

Pour le sport, j'avantage des brassières adapté pour cet effet et des bas en cotons. C'est pour éviter les irritations ou des désagréments.

Conclusion

Vous pouvez vous féliciter d'avoir joué le jeu.

Maintenant, que vous vous connaissiez un peu mieux, vous allez pouvoir soit réajuster ou soit redécouvrir d'autre modèle de lingerie.

Sans vous en rendre compte, vous allez dépasser une nouvelle étape en vous qui est l'acceptation de soi.

J'ai fais ce guide, car je me suis rendu compte que plusieurs femmes ne connaissaient pas leur morphologie ainsi que leur taille. C'est un guide pratique qui est fait pour celles qui veulent se faire plaisir sans retenue.

Remerciement

Je remercie profondément tout le monde pour leur patience.

Je remercie les professionnelles dont mon amie de m'avoir fait réapprécier la lingerie. Et d'avoir répondu à mes questions.

Je remercie mes illustratrices Kanade Kitcats pour les petites scénettes et Moon pour les croquis.

Je remercie Hülya, de m'avoir soufflé l'idée des petites scénettes.

Je remercie les designer Stefam pour la mise en page et Amine H. pour la couverture.

Je remercie mes amies et collègue d'avoir étaient franches sur la relecture et partager mes coups de cœur.

Je remercie mon DouDou Alexander L. d'avoir était une oreille et à croire en moi quand j'avais des doutes.

Je remercie Sam Ssefa de m'avoir poussé à le traduire également en anglais.

Je remercie ma famille pour leur soutient inconditionnelle.

Et je remercie plus particulièrement ma maman qui m'a transmis l'amour pour la lingerie. Dans un regard de bienveillance, de sensualité et de respect.

Lexique

Baleine : nom donné aux tiges, généralement métalliques, glissées sous les corsets, leur donnant forme et maintien et permettant d'envelopper les seins.

Le sillon inter-mammaire : l'espace entre les seins - couramment appelé entre-deux-seins ou entre-seins.

Armature : ce qui sert de maintien, de soutien essentiel.

Agrafe : crochet que l'on engage dans un anneau ou une bride et qui sert à joindre les bords opposés d'un vêtement.